青少年叢書

智慧的鑰匙

張培耕 著

感謝財團法人高雄市文化基金會補助出版

自序

有信心的人不容易跌倒，因為他有一根手杖。
負責任的人不容易失敗，因為他有一根扁擔。

任何空間都可以建設成爲天堂，也可以因破壞而變成地獄。任何時代都可以是最好的時代，也可以是最壞的時代。問題在於人的素質。你們是否具備足夠的智慧和充分的信心，又以怎樣的心態和行事作風對待當時的社會和其他人，將決定明天是陰霾密佈或是晴空萬里。

二十世紀已經剩下最後的一年，我的人生已是夕陽餘暉，我看二十世紀也是夕陽餘暉。但是正在就讀中小學的同學們，正值旭日初昇，你們將以堅定的步伐跨越千禧之年，並滿懷著信心和希望邁進2001年，迎接二十一世紀霞光萬道的光輝朝陽，在美麗的晨曦中冉冉上升。

大家都希望二十一世紀是一個只有進步沒有破壞的美好時代，更希望未來的世界也是一個充滿和平、正義、人道的溫馨世界。只是這一切都不會從天而降，人類必須具備足夠的理性、良知和信心，拿出道德勇氣有爲有守，一個美好的新世代才有可能在大家的努力中揭開序幕。

理想是一回事，實現理想是另一回事。除了內心的願望以外，還必須具備足夠的精神條件和有效的工作方法。是以不揣淺陋撰寫這本小書，獻給青少年朋友們。希望它是一座羅盤，讀者可以從這裡找到自己應有的定位和未來的方向。更希望它是一把寶劍，讓你能夠披荊斬棘掃除障礙，爲新世紀新時代開闢一條平坦的康莊大道。

坊間勵志叢書很多，有的文筆精鍊，有的哲理奧妙，有的類似辭典涵蓋廣闊。筆者學識粗淺，無法相提並論。但我出身農村，在城市中生活，接受過傳統的洗禮，也大致認識現代的潮流。一生歷經北伐抗戰和內戰，顚沛流離，一再的跌倒了又一再的爬起來，嚐盡人情的冷暖和酸甜苦辣。使我的思路與筆風，自和他人有所不同。

我不僅和讀者談精神修養，更以具體的事物表現抽象的觀念，幫助讀者更加容易理解感受，並且溶入生活和工作之中。眞理與思想本來就沒有國界，更何況交通資訊如此發達的今天。但我在下筆談事說理時，依然盡量採用民族文化以及鄉土民俗中固有的事物和故事。用心極爲簡單，古今中外，愛國都是一種高尙的情操。缺乏這種情操，國家即使強盛一時富甲天下，遲早都有淪亡的危機和可能。

有人說：「知識就是力量。」在未來科研更加進步，資訊日益發達的世代裡，知識更是一種重要產權，勢將成爲經濟活動的主流。固然可以改善人的生活，甚至可以改變一個人的命運。

本書之出版幸而受到一點重視，竟然能使怵目驚心的青少年犯罪逐漸減少，奮發有爲的青少年日益增多，余願已足。

目錄

□信仰之舵

□永恆之路

智慧之鑰

智慧的鑰匙

人生不免總有艱難險阻，疑難和考驗也會接踵而來；只要掌握一把智慧的鑰匙，泰半問題都能迎刃而解。

首先我要送你一把鑰匙。不是爲了開門開車，不是爲了打開保險箱，而是幫你解決人生的疑難問題。

以數學的觀點看，人生就是一個不斷解題的過程。不論是簡單的選擇題、是非題，還是複雜的問答題、應用題；面對難題只要稍有不愼，一旦發生錯誤，影響所及，後果可能十分嚴重。如果你的手中握有一把智慧的鑰匙，一切難題自然可以迎刃而解。

人是智慧的動物，但並非人人都有智慧，也不是人人都有運用智慧的能力。有的人能夠排除艱難力爭上游，有的人卻在原地打轉徬徨失措。問題和差別，就在有沒有智慧，和能不能善用智慧。

智慧是甚麼？一般的說法聰明就是智慧。其實知道一些知識並不就是智慧，聰明也不等於智慧。能夠有系統的掌握知識，靈活有效的運用聰明才智，才是眞正的智慧。智慧，就是對宇宙眞理的洞察，對人情世故的深刻體驗。古人傳統的說法就是：「洞明世事，練達人情。」

更具體的解釋：智慧就是知道值得知道的事，做值得做的事。一個有智慧的人，知道何時應該忍耐，何時應該行動。該說話的時候雄辯滔滔，該沉默的時候一語不發。智者果敢敏捷，遇事總能當機立斷；慧者審察細微，臨難能正確判斷；而且見微知著，洞燭機先。

光是知道甚麼是智慧沒有太大的意義，重要的是自己能夠眞正擁有智慧才能有益人生，才能發揮長才造福人群。智慧是天生的嗎？對於歷史上極少數的聖人和先知可能是的。但對大多數普通人而言，智慧是經過持久的努力和不懈的追求得來的。

雖然聰明不是智慧，但聰明是智慧的基礎，而聰明可以經由學習和訓練培養增長。博聞強記，好學力行，愼思明辨，乃是智慧最根本的泉源。每個人都有可能遭遇挫折失敗。聰明人多能從挫折中得到經驗，從失敗中得到教訓，所以說「失敗爲成功之母」。

至於智者，把教訓歸納爲人生哲理，把經驗凝聚爲生命智慧，他比常人看得更遠想得更深，具有我們常說的宏觀遠見。因爲他能見微知著洞燭機先，所以有智慧的人常常立於不敗之地。

求知若渴，就是智慧的來源和表現。我寫本書的目的，就是鼓勵少年朋友好學勤習，以永不枯竭的知識源泉，培養科學的頭腦和人文的心靈，以增益你的聰明智慧。

如果你同意我的觀點，本書就是幫助你打開智慧之門的一把鑰匙。也許這裡只是一個池塘，但這個池塘讓你渴望見到大海。也許這裡只是一條小河，但這條小河將與你一起奔向海洋。

信心的手杖

信心可以增強勇氣，產生力量，讓你不容易挫敗跌倒；即使不慎跌倒，也能東山再起，從跌倒的地方爬起來。

信心是一根手杖，當你受到挫折或遭遇困難時，它將支持你的身體不致傾倒，支持你的心靈不致絕望。萬一跌倒了，它也會支撐你從跌倒的地方勇敢地站起來。

我說信心是一根手杖，就是肯定信心不是空想幻想，而是源自內心的樂觀所產生的力量。因爲樂觀，所以自信十足，力量隨之而生。信心堅定的人，絕不垂頭喪氣懈怠畏縮，在他的面前，逆境可以轉爲順境，危機可以化爲轉機。因此有人說：「信心可以力敵萬難。」

一塊大石橫在路上，懦弱的人視爲行走的阻礙，勇敢的人把它作爲前進的階梯。沒有懸崖峭壁，登山家就難以表現他無畏無懼的膽識以及履險如夷的身手。過程越是艱辛成功越是可貴，考驗越是嚴酷勝利越是光榮。面對任何艱難險阻，只要深具信心，你將永遠穩操勝券。

哥倫布率領三艘帆船和一百二十名水手，面對藍天白雲和驚濤駭浪，在無邊無際的海上航行七十多天，最後終於發現了美洲新大陸，使他成爲歷史上最偉大的航海家和探險家，他憑藉的不僅是他的航海知識、航海地圖和羅盤，最重要的是他偉大的理想和堅強的信心。

信心使人樂觀，樂觀使人更有信心。信心表現活力充沛意氣風發，所以信心是生命力的泉源。信心使人積極開朗奮發有爲，內心充滿向前向上的企圖和衝力，所以信心也是奮鬥創造的原動力。有信心的人不但自心快樂積極有爲，而且信任他人，樂於與人爲善，把自信化爲互信和共信，所以信心更是團結互助的基礎。

知識產生信心，信心孕育理想，理想構築宏圖，建立正確的人生觀；進而追求生命要有價值，渴望人生要有意義，爲未來繪製藍圖，爲人生確立目標。於是滿懷信心，奮勇前進。沒有信心的人不可能有理想，反過來說，沒有遠大的理想也不可能有堅強的信心。

爲了實現理想展現抱負，必須深信不疑，堅定不移。即使遭遇阻擋面臨危難，也決不退縮，絕不屈服。能百折不撓，則一定成功。所以孫中山先生說：「吾心信其可行，則移山塡海之難，終有成功之日；吾心信其不可行，則反掌折枝之易，亦無收效之期也。」

地球是一個美麗的星球，但是並非理想的世界。人生雖有不少的歡樂幸福，哀傷悲苦卻也在所難免。日夜交替分秒相繼，人生是一條持續前進的道路，有康莊也有崎嶇。只要善用手中的手杖，滿懷信心勇往直前，艱險可以克服，障礙可以超越，理想一定可以實現。

信心主宰命運，使我們成爲自己眞正的主人。

勇敢的寶劍

勇敢者的字典裡沒有困難這兩個字，所以無畏無懼；面對艱難險阻，永不後退，永不屈服。

勇敢是一把披荊斬棘的寶劍，加上智慧和信心，必然所向無敵，攻無不克，戰無不勝。即使聰明才智過人，如果缺乏勇氣，則凡事猶豫，遇難徬徨，逢險畏縮，終其一生也只有一事無成。

勇敢並不表示毫無畏懼，而是面對艱險危難時，卻能無畏無懼勇往直前，做自己在責任與道義上都必須做的事。所謂「義所當爲，毅然爲之。」八年對日抗戰，游擊隊裝備簡單補給困難，轉戰敵後卻能屢建奇功，除了戰略佈局和戰術靈活，致勝的主要因素就是義和勇，所以民眾稱他們爲義勇軍。

義就是義不容辭，勇就是敢作敢當。孟子說：「自反而縮，雖千萬人吾往矣。」人在一生之中，因爲環境所迫，有些事情義所當爲卻未必能做，有些事情理當不爲卻又礙難推卻，爲與不爲左右爲難。如何選擇，如何堅持，就表現一個人的勇氣和擔當。

遇事知道能不能做該不該做，是判斷和節操的問題。至於能否不計成敗利害堅持是非公道，就是擔當和勇敢的問題。肯做是義，敢做是勇，有義有勇，才能「赴湯蹈火，在所不辭」。我所以送你一把勇敢的寶劍，希望你能有所堅持，永遠站在正義的一邊。

劍在中國武術史中，稱爲兵器之王。武人執之，用以行俠仗義替天行道。文人佩之，象徵文武兼備儒俠合一。它代表仁心俠情，象徵果敢英勇和大義凜然。解決問題固然需要聰明才智，但在千鈞一髮之際，更需要當機立斷的果敢和義無反顧的剛毅。

做爲一個愛國軍人，執干戈以衛社稷，固然必須勇敢，才能在疆場之上臨危不亂臨陣不懼。做爲一個探險測量的開路先鋒，也要勇敢無畏，才能涉水翻山披荊斬棘，把自己走過的足跡變成未來的康莊大道。即使做爲一個普通人，也要具備足夠的勇氣，才能對抗引誘無畏脅迫，堅貞的忠於自己的理想和信念。

盧梭說：「一隻猛鷹練習飛行時，總是隨風而飛。如果遇到危險，牠就轉過頭來逆風而上，反而飛得更高。」同樣的道理，我們平時爲人處世應該心平氣和，甚至隨遇而安。但是一旦危難當頭，我們就必須面對現實沈著應戰，決不輕言妥協，決不輕易退讓。

塞萬提斯說：「失去財富的人，損失固大；但喪失勇氣的人，將失去一切。」怯懦是自己最大的敵人，勇敢則是自己最好的朋友。請善用這把寶劍，做一個永遠的勇者，披荊斬棘勇往直前，創造有意義的人生。

堅忍的盔甲

處順境必須謹慎，處逆境必須忍耐；只要堅忍不拔堅持到底，黑夜盡頭就是黎明，寒冬之後就是溫暖的春天。

有智慧的人也會碰到難題，有勇氣的人也有可能身陷艱危。只有堅忍不拔，才能化解難題突破重圍。所以胡林翼說：「能忍人之所不能忍，乃能為人之所不能爲。」堅忍是成功者必須具備的一項精神特質。

社會進步，人際關係自然更加錯綜複雜。法律規定彼此的權利義務，道德要求克己安人互助合作。然而人與人偶爾發生一點誤會，絕對難以避免。小人遇之，動輒豎眉瞪眼劍拔弩張。君子遇之，「一忍以擋百勇，一靜以制百動。」從容不迫，化解問題於談笑之間。

西諺說：「忍耐可以征服一切困難。」許多情況壞了大事，既非因爲無知，亦非因爲不勇，多半由於不能堅忍。所以古人說：「忍一時風平浪靜，退半步海闊天空。」忍耐，可以鍛鍊意志，可以抵抗災難，更可以培養開拓一個人恢宏寬大的胸襟氣度。

戰國圯橋之約，黃石老人對張良所要考驗的是忍耐的功力，所要傳授的是忍耐的智慧，張良後來輔佐劉邦爭霸天下，所運用的謀略莫不以堅忍爲核心。其所以能夠「運籌帷幄之中，決勝千里之外。」除了深謀遠慮的戰略決策，所發揮的正是堅忍的智慧和力量。

爲人處世，忍耐就是以和爲貴，以禮爲先，以靜制動，以定制亂，更是以智取勝。只要堅忍不拔，任何衝突總有化解之道，任何糾紛總有一個了結。兩軍對壘交戰，有時比謀略戰法，有時比的卻是英勇堅忍。誰能堅持到對方不能堅持時，誰就是最後的勝利者。

但當國家民族遭受外來侵略，就不能忍讓妥協了事，必須奮起英勇抵抗。把苦難化爲堅忍，把堅忍化爲力量。八年抗日戰爭就是一個具體的歷史例證。當天災來臨時，也不能聽天由命，應該萬眾一心接受大自然的挑戰，不屈不撓，決不輕易向命運低頭。水災時，嚴防死守的防汛抗洪；震災時，推開瓦礫重建家園；是另一個具體的實例。

人與自己競爭，不怕困難向困難挑戰，愛惜光陰同時間賽跑，一樣需要堅持忍耐，才能今天勝過昨天，未來超越現在。不能忍耐堅持，希望只是夢想，理想也只落得囈語空談。

至於與人相處，理當禮尚往來和睦互敬，寬宏大度忍讓爲懷。所以古德說：「將軍頭上能跑馬，宰相肚內好撐船。」你能忍他讓他，正表示你的智慧和氣度比他更高更大。

「能忍一時之氣，可免百日之憂。」忍耐是盔甲，它保護你的安全和寧靜。忍耐是石階，它支持你登上成功的高峰。

勤勞的鋤頭

古人說：天道酬勤。意思就是：上天照顧勤勞苦幹的人。勤勞推動生產，創造財富，開拓人生成功之路。

「手把哪鋤頭鋤野草呀！鋤去了野草好長苗呀！」

鋤頭舞歌，是八年抗戰期間很流行的一首民謠，對鼓舞民心士氣有很大的貢獻。一開頭的這二句歌詞，具體說明了中國人一向具有對抗自然環境的能耐，也象徵中國人具有打敗侵略者的能力、決心和信心。

鋤頭是中國農村最基本的一種生產工具，幾千年來已經成爲農村耕作生涯的一個代表符號。它與農民的關係密切而又親切，也是中國農民刻苦耐勞堅忍樸實的具體象徵。在往昔的農村裡，沒有鋤頭就沒有耕種；沒有耕種也就沒有收成，當然也就沒有生存的條件和發展的可能。

即使是肥沃美好的良田，如果不加辛勤耕耘，也可能變成一片荒蕪。所以古人說：「一日之計在於晨，一年之計在於春，一生之計在於勤。」小時候父親常常告誡我們：「困苦因爲貧窮，貧窮因爲懶惰。」他老人家一再的強調；「唯有勤勞才能成功，只有節儉才能致富。」

勤勞是良好而又高尚的習慣，一個勤勞的平民絕對比一個懶散的富翁更爲高貴。勞動是神聖的，它開啓了人類的文明，也創造了歷史和文化。勤勞能使錢包豐富，能使身心健康，更使家庭充滿溫馨康樂，社會充滿活力希望。曾國藩說：「家勤則興，人勤則儉，永不貧賤。」

足球場上有句名言：「前進搶球，不要站著等球。」每個人都有可能碰到機會，但懶惰者總是與它擦身而過失之交臂；勤勞者比較積極主動，他不僅善於掌握機會，而且能使最普通的機遇經過勤勞加工轉變成爲大好良機。所以孟德斯鳩說：「將來屬於那些工作勤勉的人。」

時代進步了。大家都希望脫貧致富，改善生活條件，進而追求工作和事業上的成功。這樣的希望和要求，就是積極有爲，只要手段正當合法合理，不僅被允許，而且值得鼓勵。成功致富，勤勞是最基本最必要的充分條件。沒有勤勞，一切都是夢想和空談。

無論作爲生產工具還是作爲戰鬥武器，鋤頭必須經常使用，才能堅實牢靠閃閃發亮，才能發揮它的功能。不用的鋤頭一定生鏽，生鏽的鋤頭只是廢鐵。有了勤勞的雙手，鋤頭才能翻開泥土，才能發揮它的作用顯示它的力量。說到最後，最重要的還是勤勞。

有人說：「要怎麼收穫先怎麼栽。」我送你一把勤勞的鋤頭，希望你揮舞著它翻開泥土，播下種子，除去雜草，當秋天到來時，必然會有歡笑的豐收。成功，也就指日可待。

儉樸的寶庫

奢侈浪費，是貧窮的原因；
貪求無厭，是墮落的根源。
以儉樸爲貴者，生活不虞匱
乏，精神不會貧窮。

有人說：人生最大的幸福，就是想要甚麼就有甚麼。其實這是一句廢話，因爲根本沒有可能。有智慧的人，不追求並非必需的東西，不妄想不可能得到的東西，生活保持清淨快樂，人生才能更加幸福。

追求幸福快樂，乃人之常情，也是人的基本權利之一。只要能力超過慾望，就能獲得快樂。反之，若是慾望大過能力，就會感受痛苦。有人陷入痛苦煎熬並非飢寒交迫，而是因爲能力有限慾望無窮。解脫之道就是知止不殆，知足常樂，不去夢想力不能及和並不眞正需要的東西。如此，生活一定可以昂首闊步愉快輕鬆。

古人說：「勤能補拙，儉以養廉。」又說：「勤以得之，儉以守之。」貧窮有的是由環境造成，有的則因生性懶惰。有人雖然勤勞苦幹，但因貪得無厭不知節儉，口袋也就永遠空空如也，甚至寅吃卯糧。現在有人入不敷出，非因收入太少而是花費太多。揮金如土，竟然只是爲了滿足虛榮追求時髦；如此浪費奢侈，實在荒唐。

過度放縱的慾望固然是痛苦的泉源。然而適度而合理的慾望，卻可以激發積極進取的精神，驅動人們向前向上，成爲奮鬥創造的原動力。追求成功希望富有，只要有能力有作爲，且能腳踏實地正當經營，又不妨害人群公益和社會公道，就能成爲社會進步發展的充沛活力。

刻薄吝嗇令人厭惡，奢侈浪費造成腐敗失敗，中庸之道就是儉樸。儉就是不奢侈不浪費，樸就是不尚虛榮不慕浮華。儉樸不是一毛不拔，而是懂得有意義的善用金錢，合理務實的調理衣食住行。換句話說，儉就是知所節制，該省即省當用則用。樸就是但求安適不求奢華。

勤儉樸實是中華民族傳統的美德，即使在現代的工商業社會中，依然還是勤奮向上潔身自愛的高貴美德。儉者常有，樸者恆富，知足者常樂。儉樸的人生活也許清淡素樸一些，但是儉樸之家永不匱乏，無求於人，個人固然光明磊落坦坦蕩蕩，家庭自然豐衣足食美滿幸福。

不花無謂之錢，不購無用之物，是生活的儉樸。不交無益之友，不爲無益之事，是時間的有效利用。古人說：「一寸光陰一寸金，寸金難買寸光陰。」時間就是生命，珍惜時間是更加重要的另一種儉樸。

每個人都希望家中能有一座寶庫。其實只要懂得愛惜光陰和儉樸生活之道，你的家中早晚必然會有一座寶庫。事實上，勤勞加上儉樸，就是一座取之不盡用之不竭的寶庫。

負責的扁擔

無論做人或是做事，負責盡職，都是最基本最重要的一項美德；唯有勇於負責，敢於擔當，才是眞正的男子漢大丈夫。

「一根扁擔」是一首北方民謠，以淺顯的歌詞粗獷的旋律，謳歌勞動者的堅毅、深沈和渾厚。在我的心目中，扁擔也就成爲勇於承擔和負責盡職的象徵，十分親切具體，眞實而又有力。

少年時代我在農村長大，協助父母農作，用扁擔挑過東西。扁擔加上繩子，一個人可以挑，兩個人可以抬，那時機動車輛十分稀有，扁擔是最簡便而又普遍的運輸工具。農民用它在田間搬運莊稼，挑夫用它承運貨物長途跋涉，調節兩地之間的供需有無。

他們工作時經常唱著勞動者的號子，以忘記勞苦提振精神。那種刻苦耐勞樂天知命，令人印象深刻。堅實的肩膀扛上一根扁擔，步履沈重所踏出的生命力，扁擔震盪所表現的旋律，加上號子的高低疾徐所播放的粗獷音韻，形成聲音形象兼具的立體美感。

我喜愛扁擔遠勝於運輸車輛起重機具。扁擔多由質地堅韌彈性良好的木材或竹竿製成，有著鄉土的原質和簡樸之美，它和人在力量上彼此互動互助，在運動上保持韻律平衡。雖然只是一項簡單的工具，但與人有著太多的默契和感情，實非機械所能比擬。

有人感嘆社會變動太大，肯負責有擔當的人似乎越來越少。很多人只對自己或自己的私慾私利負責，而置榮譽、責任、乃至社會公益和國家興衰於度外。過去讀書人那種天下興亡，匹夫有責；以天下爲己任的襟懷，而今似乎已經成爲稀有的空谷足音。

人生最崇高的意義，就在克盡職責勇於擔當。爲了盡忠負責，有人赴湯蹈火，有人鞠躬盡瘁，乃至捨生取義殺身成仁。「士不可以不弘毅，任重而道遠；」就是偉大的負責精神。在追求金錢物慾的洶湧潮流中，現代人失去了純樸渾厚道義誠信，也失去了由扁擔所代表的責任和擔當。爭功謀利一馬當先，勇於承擔道義和責任的鐵肩，卻難得一見。

能負責盡職，是做事的基本條件，也是做人的基本美德。一個不負責任的人，既不可以信任，也不能夠合作，更不值得尊敬。人性缺點之中，不負責任是最危險的缺點，也是最可恥的缺點。爲了堅守崗位盡忠職守，軍人必須奮不顧身冒生命之險，平民也要堅苦卓絕不辭辛勞。但是負責的精神，使他們高度發揮了生命的意義和人性的光華。

責任感就是道德心。所以我要送你一根負責的扁擔，希望你能做一個肯負責任勇於擔當的男子漢。有了這樣的男子漢，社會自然充滿蓬蓬勃勃的生機，源源不絕的活力，以及頂天立地的陽剛之氣。

自制的韁繩

駕駛車輛操控機具只是技術，能夠駕馭自己才是眞正的大學問；自制就是駕馭自己，言論行爲就不致魯莽失態貽笑大方。

要把一匹野馬馴服成爲良駒，不能沒有韁繩。騎馬沒有韁繩必然失去控制，横衝直撞一定人仰馬翻。做人要做一個謙謙君子，不能沒有自制能力。

有了自制能力，才能處順不狂，遇逆不餒，逢變不驚，更不會任性妄爲。所以西塞羅說：「自制是金光燦爛的馬轡。」

騎馬有了轡繩，才能隨心駕馭任意馳騁，而且安全無慮。人非聖賢，難免偶爾心猿意馬。有了自制能力，等於有了一副轡繩，就能控制衝動，行事順從理性，進退有據，動靜有度，言論舉止有禮節有分寸，保持做人應有的道德修養和君子風度。

轡繩駕馭騾馬，剎車控制車輛，其主要的作用，都是爲了操縱動靜快慢，決定方向行止，防範意外保障安全，以達到使用的目的和工作效率。車輛機械發生故障，必然造成事故損失。人的行爲失去自制，輕則有違社會良序美德，重則觸犯國家法紀。

青少年時期精力充沛，有理想、有熱情，有勇氣、有幹勁；但是血氣方剛，所缺少的正是冷靜的素養和自制的能力。彼此間一言不合，很容易演變成爲嚴重衝突。好勇鬥狠，就是缺乏自制能力的一個結果。往往因此闖下大禍，甚至斷送大好前程。

有了自制的韁繩，自然不會魯莽行事，也不容易失控衝動，也就避免了不必要的意外與災禍。在理性自制的駕馭之下，甚麼場合該說甚麼話，甚麼時候能做甚麼事，心中自有一把尺，冷靜沈著穩健從容，即使倉促之間也能當機立斷，有所爲有所不爲。

理性自制的能力，可以保持頭腦冷靜，控制情緒起伏，避免言語行爲的輕率魯莽，不致舉措失態貽人笑柄。待人接物行事，總能應對得體落落大方，顯得幹練而又儒雅。能律己以嚴才能服眾，能待人以寬才能得人，能冷靜處事才能展現才華。自制不僅是一種修養，也是一種高度的智慧，更是一種力量。工作與事業，自然可以一帆風順。

只有眞正克服自己的人，才能擁有眞正的自由。孔子自述「七十而從心所欲不踰矩。」因爲通情達理的判斷智慧，使他的內心深處有著敏銳的導向系統和掣動機能，既有方向盤又有剎車，充分而有效的掌握著自己的心性和意念，是非可否動靜觀瞻，都在天理人道的範疇中海闊天空，任性優遊卻又不會踰越法理人情。

方向盤引導何去何從，剎車限制不會超速越軌。韁繩看起來雖然比較簡單，卻兼具導向和剎車功能。一副自制的韁繩，將使你的人生永遠都能步履穩健，天馬行空而又自由自在。

慈愛的火炬

慈愛，是一把永不熄滅的火炬；既能發光，也能發熱。只有大家都能付出慈愛，人間才能更光明，社會才能更溫馨。

地球上到處有溫泉，偶爾也有火山爆發，證明地球深處蘊藏著豐富的熱能。但在這個世界上，人人希望別人愛他，卻又吝於對別人付出善意的關懷和愛心，造成世態炎涼以及人與人的疏離。我們需要點燃內心慈愛的火炬，以它的光照亮世界，用它的熱溫暖人間。

慈是惻隱之心，是對苦難者的悲憫和關懷。愛是心地仁善，是對他人的同情和幫助。二十世紀變化極大進步很快，不幸最後的幾年，地震颶風洪水，恐怖暴力戰爭，天災相繼人禍不斷，幾乎無日無之。人與人之間，國家民族之間，不同的信仰之間，充斥著太多的敵意和仇恨。人類將在一片恐怖不安之中告別二十世紀，似乎已成定局。

面向二十一世紀，我們希望能有一個和平、理性、公義的新世紀，共同營造一個溫馨、快樂而又光明的未來。爲了實現這個攸關人類命運的宏願，大家應該一起誠心的祈禱共同的努力。最重要的，要從每個人自己做起。「與其咀咒外界的黑暗，不如點亮自己內心的明燈。」

心地潔淨光明，心靈就是一盞明燈。心中有情有愛，心靈就是一把燃燒的火炬。有了明亮的燈和燃燒的火炬，黑暗、冷酷、悲慘的人間地獄，頃刻之間就能化爲溫馨喜樂的幸福天堂。

天堂在那裡？如果心中有慈愛，心即是佛，天堂就在我們心中，我們的立足之地，以及我們伸手可及之處。如果人人都能眞誠相愛，彼此樂意同情互助，現實的人間就是美麗的天堂。

愛是人類心靈之中最聖潔、最崇高、最偉大的情操。但有親疏深淺大小之分。情侶以至夫妻之間的兩情相悅異性相愛，是生命的起源，倫理的開端。進而乃有父子之間的慈孝，兄弟之間的手足之情，朋友之間的志同道合。這些都是至情至性的愛，只是你之所愛不是家人就是親友，私情太重格局太小，雖然可貴但並不偉大。

眞正高貴偉大的愛，必須沒有條件設定或親疏之分，同情關懷的對象主要是社會上的弱勢族群，以及孤苦無依沒有能力照顧自己的貧困者。這種超越五倫以外的群己關係，現在大家稱之爲第六倫。

生活艱難，所以要奮鬥。人生也是苦多樂少，所以需要彼此相愛相互扶持。佛教的慈悲，儒家的仁愛，對象都包括自己不認識或是沒有利害關係的第三者。因爲有愛，所以寒冷不冷，溫馨更加溫馨；貧窮者不窮，富有者更加富有。

愛是一把火炬。它照亮世界，也照亮你的人生。它溫暖社會，也溫暖你的心靈。它提升人性，使平凡人有成爲超人的可能。

信仰之舵

信仰的舵輪

信仰，使人胸有成竹，凡事具有定識定見，充滿自信自尊。政策既定，獨來獨往，雖千萬人吾往矣！

天空的飛機，海洋的輪船，陸地的汽車，這些高速航行的運載機體，總有一個駕駛舵或方向盤，以操控它們行進的方向。如果沒有舵輪，就會漫無目標橫衝直撞，後果極爲嚴重。

信仰是對自然的崇敬，對生命的尊重，對自我的肯定。信仰是生命的方向盤，人生的指南針，生命能量的發動機。它鼓舞自強不息，建立自尊自信，帶來向善向上的力量，使人有所嚮往有所堅持。使有智慧的人更有智慧，勇敢的人更加勇敢，高尚的人更加高尚。

宗教勸人爲善，幫助人們獲得心靈的清淨和平。但在動盪不安人心惶惶的時代裡，常有異端邪教欺世盜名。所以我要介紹的信仰是一種思想理念，一種道德精神，一種安身立命的人生價值。

(一)信仰眞理。眞理，就是眞實、普遍、永恆的正確道理。在是非混淆的時代裡，堅持眞理乃是力挽狂瀾的重要大事。只有彰顯眞理，讓是非善惡分明，社會才能豎立旗幟鮮明的價值標竿。

儒家主張良知即是天理，人道即是天道。做人，態度合理爲禮，行爲合理爲義，取捨合理爲廉，自省合理爲恥。所以在天爲道，在事爲理，在人爲德，在人際爲倫理，在宇宙就是眞理。

（二）追求公義。天道大公，陽光普照，雨露均霑。人道仗義，路見不平，拔刀相助。仁人志士，可以捨生取義，不可苟且偷生。所以人間有俠者替天行道，有君子正氣凜然，有仁者義薄雲天。

公就是無私無我，義就是合情合理。在一個正義公道平等博愛的理想社會中，大家必須能夠追求公義伸張公義。沒有公義的社會，絕對不是理想的社會，嚴格說也絕對不是眞正文明的社會。

（三）堅持誠信。誠就是居心眞誠待人誠懇，信就是一諾千金。孟子說：「人之異於禽獸者幾稀。」人之異於禽獸，好人異於壞人，君子異於小人，是否誠信就是一個基本而重要的判別標準。

一個文明的社會，絕大多數人都能堅持原則誠信待人，具備溫文儒雅的文化氣質，嚴守合乎公道正義的價值標準。捨棄原則背離誠信，一切皆成謊言，即使衣冠楚楚，依然只是僞裝的禽獸。

（四）實踐善慈。善是人生最高的價值，慈是生命最美麗的光輝。至眞之善是人類永恆的燈塔，指引人類正確的航向。愛是永不熄滅的炬光，照亮人性，照亮社會，化悲慘世界爲溫暖人間。

堅持誠信，實踐善慈，人際才能洋溢友愛溫馨，社會才能充滿光明希望。誠信善慈距離天堂最近，也是邁向天堂必經之路。大家心中有誠有信有善有愛，我們腳下的立足之地就是人間的天堂。

意志的高山

面對艱難險阻，坎坷挫折，
以及敵人的暗算和打擊；只
要意志堅強，就能無堅不
摧，無難不克，所向無敵。

甚麼力量可以使一個人的信仰成爲思想進而化爲行動？甚麼力量能使美麗的理想成爲人生的現實？答案是，意志。

古諺說：「天下無難事，有志事竟成。」意志力量的堅定勝過鋼鐵，威力勝過千軍萬馬；它使人無畏困難不怕挫折；鼓舞信心一往直前。面對艱難險阻，意志是一把斬荊除棘消滅障礙的利劍。當接受挑戰或拒絕誘惑時，意志是不可搖撼的巍巍高山。意志力薄弱的人，碰到困難就退縮，遇到危險就投降，這樣的人當然沒有成功的機會。

古人說：「志患不立，尤患不堅。」立志就是爲自己立定一個人生努力的方向，設定一個人生奮鬥的目標。意志堅定，就是終其一生循此方向朝此目標奮鬥前進；永不畏懼退縮，絕不瞻前顧後猶豫徬徨。堅定的意志湧現生命的力量，產生大無畏的勇氣；一切人生高貴的德行和偉大的事業，莫不先從理想萌芽，由意志鞏固茁壯，經努力奮鬥開花結果。

面對現實不一定就能解決問題，但若不能或不敢面對現實，則問題永遠也沒有解決的機會。同樣的道理，意志堅定並不保證一定都能有偉大的成就，但是青少年時代如不立定志向，並且堅定不拔的堅持既定的理想，則永遠也沒有成功的可能和希望。意志堅定不移，奮鬥不屈不撓，是成功的先決條件，也是必須具備的基本條件。

知識、情感和意志，是人類心靈的主要活動。知識充實生命甚至改變命運，情感美化人生提高生命意境，意志則使生命堅強不屈，無畏無懼鬥志昂揚。我們要有豐富的知識，要有純美的感情，更要具有堅強的意志，以面對人生不斷的挑戰，迎接相繼而來的成功和勝利。

以爬山爲例，在翻山越嶺的過程中，要能耐勞吃苦，更要勇敢無畏。遇到懸崖峭壁，敢冒生命之險就能履險如夷。只要具備「志比山高，腳比路長」的意志和信心，登峰造極並沒有想像中那麼困難。

開山闢路工程浩大，比爬山更加艱難，然而只要具備不屈不撓的堅強意志，就能「叫高山低頭，要流水讓路。」開鑿隧道修橋造路，把荒野的崎嶇化爲平坦的康莊大道，雖不易如反掌，但也絕非難如登天。

知識使人富有，感情使人風雅，意志使人高貴。江革說：「貧莫貧於無知，賤莫賤於無志。」有志則不賤，有知則不窮，有情則不低俗。

愚公移山是一則家喻戶曉的寓言，故事告訴我們：意志不僅可以武裝自己影嚮他人，甚至可以感動山神。

其實，意志本身就是一座高山。

自知的明鏡

缺少自知之明的人，不是過度的自我貶抑，就是過分的膨脹自大；很難正確的認識自己，發揮生命的潛能。

石器時代，最初沒有面盆，也沒有水桶，只有就池而飲，人們在水中看到了藍天白雲，也看到了自己的容顏。水，是人類的第一面明鏡。

現代人擁有顯微鏡，不一定都能洞察細微；擁有望遠鏡，不一定都能高瞻遠矚；擁有各式各樣的鏡子，女性審視面貌身材，男性檢查儀容服裝，卻不一定都能從明鏡中看到眞正的自我。實在可惜！

最可笑的是：人人明察秋毫，可以看到別人臉上的雀斑，卻對自己的疤痕視而不見。易言之，對別人知道很多，對自己了解太少。因此，往往對自己的要求很少很寬，對他人的批評很多很嚴。

很多人都自以爲了解自己，其實並不盡然。爲了遷就現實適應社會，往往漸漸疏離自己而不自覺，對於自己的誤解多於了解，多半都流於表面的認知。正確而透徹的認識自我，既不容易，也不簡單。

人們初次見面，第一句話總是：「請教尊姓大名。」回答則是：「在下某某某。」一般人對自己最基本的了解也就是這個我是某某某。還有就是年齡籍貫，家世經歷。這些都是自我認知，只是都太表面。

絕大多數人缺少自知之明，所以並不眞正了解自己。不了解自己不僅是一種懞懂，也是一種對自己極爲不利的弱點。因爲缺乏對自己的正確認知，就很難爲自己在這個日漸錯綜複雜的社會中找到適當的定位，也很難在未來漫長的人生道路上確立合理的方向。即使發憤圖強力爭上游，最後可能事半功倍，甚至挫折連連徒勞無功。

所謂正確的認識自己，就是必須穿透外表的衣冠容顏，對自己做更深入的透視，客觀地剖析自己，了解自己的個性和特質、優點和缺點、興趣和專長。然後平心靜氣的思索評估，到底應該培養何種專業，將來應該從事何種行業，未來的人生應該如何做合理而且務實的規劃。

能正確認識自己，才能克服自己的缺陷，發揮自己的特長，有效幫助自己，充分完成自己，進而贏得他人的尊敬和團體對自己的信賴。於是人生有了正確的取向，然後只要鎖定目標一往直前，守住應守的本分，負起該負的責任。做人做到這個地步，也就心安理得俯仰無愧了。

我們每天大概都要照照鏡子，有人爲了整理儀容，保持端莊大方，有人爲了美容妝扮，希望更加美艷動人。我送給你這一座明鏡，希望你能正視自己認識自己，對著它作思想上的觀照，心靈上的反省，以及精神上的日新又新。既不要妄自菲薄，更不要妄自尊大。腳踏實地，一步一步走向你美好幸福的人生。

深沈的葫蘆

冷峻隱藏，不免顯得陰險神秘；輕率躁進，又令人覺得膚淺浮誇；最好就是深沈含蓄，顯得穩健而又大方。

坦率很好，但是深沈更好。該坦率時坦率，該深沈時就要深沈。表現深沈含蓄，正如一幅畫面有限意境無窮的藝術名畫，不會讓人一目瞭然一眼看透，它耐人尋味餘韻無窮。當然不會讓人等閒視之。

對於含蓄深思舉止穩健的人物，人們常用的形容詞是：「不知道他的葫蘆裡到底賣的是甚麼藥？」城市裡的孩子可能沒有見過眞正的葫蘆，但在電影或書本裡，一定見過八仙過海的鐵拐李揹著的那個大葫蘆。有人用它裝水，有人用它裝酒，也有人用它裝藥，它的內涵往往大費猜疑。

在人口密集交往頻繁的工商社會中，競爭激烈壓力沈重，使人易於浮躁衝動。如果曾經摸著石頭過河，經驗告訴我們：淺者潺潺有聲，深者沈默不語。水花飛濺水聲不斷之處，往往就是淺而易渡的地方。所以我要送你一個葫蘆，讓你學習深沈含蓄，進而保持謙虛平和穩健從容。

膚淺輕率浮躁，經常表現於一個人的言談舉止態度表情。說話多半不經思考不加修飾，隨時脫口而出。決策行事更容易輕舉妄動，既沒有原則也沒有計畫。等到錯誤產生後果嚴重，說錯的話固然收不回來，做錯的事情殘局也難以善後。後悔或挽救，都已經太遲。

深沈、穩健、含蓄的人，不一定都能一帆風順飛黃騰達，但是至少不會經常犯錯貽笑大方。寡言深思心平氣和，可以保持謙恭禮讓從容不迫。待人接物也就顯得彬彬有禮落落大方，不致魯莽失態令人厭惡。既是一種學養風範，也是一種修養功夫。

古人說：不應言而言，是謂失言；應言而不言，是謂失人。深沈含蓄的人並不是不講話，而是不在不適當的時間和場所，對不適當的人說不適當的話。口若懸河是一種才華，深沈含蓄卻是一種智慧。所以說：「雄辯是銀，沈默是金。」如果說話，必經深思熟慮，用語力求簡潔精確。

話不能說滿，事不可做絕，始終保留一點迴旋的餘地，是爲人處世很重要的一個原則。即使一時大意說錯了話，也不致於造成無可挽回的嚴重僵局。至於做事，應該深謀遠慮，既要有計畫更要有原則，絕不可倉促決定魯莽行事，務必步步踏實，三思而後行。人際交往禮尚往來，應當保持穩健，嚴守誠信，才能受到更多的歡迎和更大的尊敬。

言語音聲震動耳膜，深沈含蓄卻能震撼心靈。我送你這個葫蘆，不要裝水，不要裝酒，也不要做裝飾品。希望你用它裝滿深沈穩健，它們會使你一生享用不盡，受益無窮。

道德的光環

道德，使叢林世界成爲文明社會，使野蠻國家成爲禮義之邦；唯有經過道德的教化熏陶，平凡之人才能成爲高尚的謙謙君子。

人與其他動物最大的不同，就是人有極爲複雜深刻的思維能力，因而有了知識、情感、意志活動，由意志所產生的道德意識使人具有善惡是非的價值判斷，因而使人由原始叢林社會逐步走向文明世界。

道德情懷，使人類有能力由獸變成人，由人變成更好的人，也使人類有能力提升人性進而邁向神性（超人）之路。道德是文明的基礎，也是歷史文化的中流砥柱。沒有道德就沒有文明，也沒有文明人和文明國家。道德是人之所以爲人的根本條件，也是社會安和樂利的精神支柱，國家成爲文明世界禮義之邦的立國根基。

道，就是爲人應循的正道和應走的正路。德，則是道之理念的具體化和實踐化。道德的範圍甚廣涵義甚深，簡單扼要的說，它的根本基礎是誠和正。因爲虛僞是奸邪之本，奸邪又是一切罪惡之源。不誠實就是虛僞，不正直就是奸邪，即使外表像是君子，其實只是粉飾僞裝。這種人叫做僞君子，其可惡可怕勝過眞正的小人。

四維五常，是道德實踐的重要綱目。禮義廉恥爲國之四維，是中小學的共同校訓。禮是規規矩矩以禮待人，義是正正當當有爲有守，廉是取予有道絲毫不苟，恥是反省覺悟知過必改。五常，乃是日常待人接物的倫常之道。仁是惻隱慈愛之心，義是行爲光明磊落，禮是待人溫柔敦厚，智是好學力行求知若渴，信是一諾千金言出必行。

在寺廟或教堂中，我們見過神佛或天使的頭頂上有著一圈光環。那光環象徵他們的聖潔、仁慈、偉大、莊嚴。其實，只要你能以道爲親、以德爲美，爲自己培養高潔的人格仁慈的心靈，凡是認識你尊敬你的人，都會在你的頭頂上看到一圈美麗的光環。這光環，就是人性的的光輝，人格的光輝，榮譽的光輝。易言之，就是道德的光輝。

現代社會最嚴重的問題之一，就是大家重權輕德，重財輕義，一切只講法律不重道德，只論利害不重情義，禮義廉恥早已束之高閣。從廟堂到市井，一切只要程序合法，就可以不擇手段爲所欲爲。孔子說：「導之以法，齊之以刑，民免而無恥。導之以德，齊之以禮，有恥且格。」我們的傳統是重德而輕法，最少也是德法兼治。

沒有權力，我們還是一個自由公民；沒有財富，最多只是一個窮人。沒有道德，即使位高權重富可敵國，也只是一個心術不正人格骯髒的衣冠禽獸。我們所受的學校教育和家庭教誨，在這一方面應該能讓我們做清楚的認知和正確的判斷。

眞實的自我

我們來時全身赤裸，從無而有；去時二手空空，又由有而空。如何活得眞實而有意義，乃成爲人生最高的價值。

一個人出門，家人問他去那裡？他回答：「去找我自己。」

這故事聽起來像個笑話，實際寓意深長發人深省。很多人剛愎自用自以爲是，其實並無定見。在世俗流行的浪潮中，隨波逐流盲從起哄，追求時髦模仿新潮，自以爲這就是進步，實際只是毫無主張。說現代人迷失了自己，並非誇大其詞，亦非危言聳聽。

一個人如果對自己的認識不清，對自己的信心不足，加上對慾望的過度放縱，對他人的盲目順從，儘管自我意識很強，他的所謂自我也只是一個虛假的概念。眞正的自我既已迷失，自以爲存在的這個我，只是慾望的奴隸，被人套著繩索牽引操縱的傀儡。

有人認爲人的命運是被決定的，有人認爲人有改變自己命運的意志和力量。時代、環境、家世，是先天被決定的命；但是體能、性格、智慧和精神並非完全來自遺傳。志向、學習、工作和奮鬥的意志是運；運字從軍從走，意志決定一切。一個鄉村的農家子弟，經由持續不懈的努力奮鬥，終於在學問和事業上超越城市中的富家子弟。這樣的例子很多，足證運也可以改命。

所以有人肯定：「命運，掌握在自己的手中。」

希臘哲學家赫拉克里特斯說：「性格即是命運」。希臘以及莎士比亞的悲劇作品，就是此一學說的具體詮釋。性格部分來自遺傳，更大部分來自思想觀念。有怎樣的思想就有怎樣的行爲，怎樣的行爲養成怎樣的習慣，怎樣的習慣形成怎樣的性格，怎樣的性格造成怎樣的命運。中國儒家立身行事的修養功夫從正心誠意致力，目的就是要從心地思想源頭培養正確的觀念和良好的性格，以良好的性格努力開創未來美好的命運。

尋找自我不必出門，眞實的自我就在我們內心。首先，必須能夠自我觀照反省認識自己。其次，對情緒有足夠的調適掌控能力，喜怒哀樂不隨他人起舞。最重要的，對前途取向要有自由選擇空間，對自己的命運有充分的主宰權，一切自己當家作主。這個我，才是眞正的自我。

宇宙間沒有本來存在的東西，沒有永久存在的東西。因緣具備就有，條件消失就空。自我只是人間過客，但在滔滔不絕的歷史長河中，我們的步履足跡是不朽的，我們爲群體利益努力奉獻的影響是永恆的。眞實的自我不是有生有死的肉體，而是投入歷史長河中永恆不朽的精神。

迷失了自我就沒有眞實的生命。如果你不願與草木同朽，不希望空空洞洞的虛度一生，你就必須採取行動，努力找回你眞實的自己。

悠閒的山水

工作時勤奮工作，休息時放鬆休息，娛樂時盡情娛樂；這是健康之道，也是精神愉悅生活快樂之道。

由農業社會進入工商業社會以後，現代人最大的煩惱就是壓力。壓力是甚麼？壓力就是緊張，緊張造成更大的壓力，於是形成惡性循環，讓人生活在惶恐焦慮之中，不但沒有快樂，而且沒有安全感。

緊張可以解除嗎？當然可以。方法就是放鬆、放下、放開，即使不能長期如此輕鬆，不時設法放鬆一下也是好事。事業也好學業也好，工作的負荷偶爾放開一下，心理的壓力偶爾放鬆一下，盡情享受休閒娛樂，對於消除精神緊張維護身心健康，都大有裨益。

格言說：「工作時工作，遊戲時遊戲，就是健康快樂之道。」懂得並且能夠忙裡偷閒，既是一種生活的智慧，也是一種生活的藝術。能勤勞也能休息，能忙碌也能休閒，工作時自強不息力爭上游，休閒時輕鬆愉快怡然自得。休閒不是偷懶，而是增加生命的活力，提高工作的效能。

正如詩人白朗寧所說：「我躺下，爲了起立；我睡眠，爲了清醒；我休息，爲了走更長的路。」

中國人是世界上最能刻苦耐勞的民族之一，同時又是最懂得忙裡偷閒苦中作樂的一個民族。忙碌時任勞任怨埋頭苦幹，閒暇時也能休閒作樂享受生活。下棋有棋藝，飲茶有茶道，其中大有學問和藝術化的境界。四時八節的慶祝，舞龍舞獅熱鬧非凡，鑼鼓喧天喜氣洋洋，所有的勞苦憂愁，都在歡樂中忘得一乾二淨。

中國繪畫與西洋繪畫不同之處，其一就是畫面空白較多，顯得高遠曠達空靈逸秀，讀者的心靈有著更大的悠遊想像空間。在藝術化的生活中，空白就是閒適逍遙，自由自在。心靈長空萬里，精神海闊天空，生活中充滿著優雅逸趣，人生自然生機盎然收放自如。

筆者深愛遊山玩水。山的崇高巍峨穩固深厚，令人心生景仰崇敬，學會謙遜。水的一望無垠波瀾壯闊，使人心生警惕，自覺微不足道；如果自強不息，亦能洶湧澎湃乘勢而興。

孔子曰：「仁者樂山，智者樂水。」樂山者存心仁厚德高望重，樂水者識見廣大氣度恢宏。喜愛山水，可以德智兼備；懂得享受悠閒，必然幹勁十足而又舉重若輕。

夫子之言，旨在鼓勵我們愛好自然、走向自然、效法自然，以大自然的青山綠水，洗滌了我們的心胸，陶冶我們的性情，啓迪我們的智慧。山光水色既能怡情養性，更可使人脫胎換骨。

美山好水只能賞心悅目，不能據爲己有。但是「胸中有山水，到處皆風景。」精神海闊天空，心情閒適自在；就能忙而不累，勞而不以爲苦，更把人生帶入一個如詩如畫如歌的境界。

審美的心靈

天空的雲彩，海洋的波濤，一棵小樹，一朵野花，都很美。如果缺乏一顆審美的心靈，即使有美當前，也會視而不見。

蘇東坡和佛印禪師一起打坐參禪，起坐時蘇東坡請問佛印：

「禪師，你看我打坐時像甚麼？」

「大學士像一尊佛。」佛印回答並問道：「你看我像甚麼？」

「禪師端坐不動，好像一堆牛糞。」蘇東坡說。

他們之間友情深厚，機鋒往來，蘇東坡經常屈居下風，這下子可打了一個勝仗。回家後告訴他的妹妹，妹妹卻對他說：

「哥哥，你輸了，而且輸得很慘！」

「爲甚麼？」蘇東坡不解的問道。

「禪師心中有佛，所以看你像佛。」蘇小妹說：「你心中有牛糞，所以看人家也像牛糞。」

這個故事未必眞有其事，但是它的意義卻很明確。心地不正的人看人看事非歪即斜，人們乃稱這種人爲牛糞眼。

審美是一種特殊經驗，美學上稱之爲美感經驗，這種經驗必須脫淨意志慾念和抽象思考的心理活動，直接訴之於形象的直覺。美感態度是無所爲而爲的形相的觀賞，既不帶佔有慾，也不要求實用。

朱光潛先生在他的「談美」一書中曾舉松樹爲例，說明感官知覺不可能完全客觀，每個人所見到的物相多少都會帶有主觀色彩。假如一個木材商人，一位植物學家和一位美術家同時見到一棵古松，雖然大家見到的是同一棵樹，但是三個人所「知覺」的卻是三種不同的東西。

商人以營利心態，他所見到的是樹的大小、品質、材積，可以製成多少產品能夠賺多少錢。植物學家以學術心習，他所見到的是樹的種系類科學門，乃至它的樹齡。藝術家甚麼都不管，祇管審美，他看到的只是一棵孤立絕緣的蒼勁古松，一種大丈夫的昂然挺拔和士君子的高風亮節。因爲不帶意志慾念，所以不同於商人的實用態度；由於不用抽象思考，所以不同於學者的科學態度。

地球是一個非常美麗的星球，世界上也充滿許許多多美的事物。藍天白雲，青山綠水，天有日月星辰，地有碧草紅花，朝有旭日，晚有煙霞，可謂美不勝收。假若沒有一顆審美的心靈，一切都將視而不見。如果具有審美的心靈和欣賞的眼光，即使面對頹垣殘壁荒煙蔓草，也能從中感受到一種令人感慨神傷的蒼涼美感。

一幢高級住宅，如果壁上有畫，桌上有花，不僅高貴，而且典雅。一個正人君子，如果懂得審美，以美的心靈擁抱人生，以美的眼光欣賞大千世界，不僅光明磊落，而且風流儒雅。

人生不僅要活得眞實，活得俯仰無愧，更要活得美。能夠眞善美三者兼備，是生命的充實燦爛，也是人生所可能達到的最高境界。

寬容的海洋

能夠寬容謙讓，就會化解不少的敵人，擁有更多的朋友。能夠大度大量，就能消除煩惱困惑，享受更多的無憂無慮。

俗話說，人非聖賢，孰能無過。尤其是處身於人際交往頻繁複雜的現代社會，要求言行不出一點差錯，內心絕對沒有一點愧疚，是一件很不容易的事。一旦言行偶有不當甚至錯誤相當嚴重，這時最大的願望就是對方能夠寬宏大量，原諒自己，寬恕自己。

論語說：「己所不欲，勿施於人。」忠恕之道，就是設身處地將心比心。我們希望別人怎樣對待自己，我們就應該怎樣對待別人。能夠設身處地體諒別人，寬大為懷包容別人，就是仁者的心地寬厚，也是智者不拘小節的氣度恢宏。海洋澎湃洶湧，既不能贈送也無法接受。然而胸懷的開闊氣宇的軒昂，卻是可以經過教育訓練自我涵養的。

莊子秋水篇有一段寓言。當秋水到來的時候，小川注入黃河，河面擴大，兩岸之間牛羊也難以分辨。黃河之神河伯沾沾自喜，以為天下遼闊之美都在這裡。河伯順流而下到達東海，只見一片汪洋浩瀚無邊無際。相形見絀之下，才自慚形穢，知道自己的短視狹隘淺陋無知。

在一個歷史悠久文明進步的社會中，國家依法制治國，社會以道德為尊，人與人之間固然應該誠信相待禮尚往來。更重要的是大家要能守望相助同情包容。如果一味自私偏狹刻薄無情，有仇必記有恩不報，人心固然有失溫柔敦厚，社會也會失去博愛互助的人性溫馨。

一般人總是要求別人指摘別人，卻很少自我反省檢討自己。人際之間交往，看到別人的過錯容易，看到自己的缺點就比較難。彼此之間一旦發生糾葛，往往產生雙重人格。批判別人時，儼然是鐵面無私的審判法官。爲自己掩飾辯護，則又變成無理也能說成有理的律師。既有失大公無私，更偏離了客觀、理性、公平、正義。

君子與小人有何分別？差異就在道德學養的高低和胸襟氣度的寬窄。君子之間交往乃至運動競賽，必守禮儀規範和遊戲規則。即使是堅持理念爭奪權力，同樣依法講理，以智取勝以德服人，最起碼也能夠相互尊重。至於卑陋小人，動輒惡言相向甚至拳腳交加。

一噸煤炭，難以使江湖海洋受到嚴重污染。一滴墨水，卻可以使一杯清水完全變色。體大能夠容物，量大可以容人。仁者樂山，所以存心寬厚德高望重。智者樂水，所以識見廣大氣度恢宏。

我們修身進德，要見賢思齊。待人要從寬，律己要從嚴。氣度恢宏寬容大量，才能尊重別人包容別人，不會自以爲是剛愎自用。從事任何一種行業，成功的機會必然比別人更多更大。

永恆之路

有恆的鐵鎚

滴水能夠穿石，磨杵可以成針。無欲則剛，有志竟成。天下並無難事，只要鍥而不捨，有恆乃爲成功之本。

每個人都希望工作能有成就，生活能夠如意。事實上有人成功，有人失敗，原因固然不止一端，最根本的一個原因就是恆心。恆心，是成功者最基本的條件。一曝十寒，沒有恆心，要成功就很難很難了。

根據生理和心理學的研究，大多數人在體能尤其是智力上，都沒有能將生命的潛能作最大的發揮。原因是缺乏充分的自知之明，以及自信自強和力爭上游的壯志雄心，還有就是散漫慵懶好逸惡勞。既有自信又很勤奮的人，失敗的另一個重要原因則是沒有恆心。朝三暮四見異思遷，一天打魚三天曬網，成功當然是遠不可及高不可攀。

愚公移山是一個很有啓發意義的故事，在民間流傳甚廣，在中國文學史中也有著重要的地位，對廣大中國人的堅定性格和堅持精神，更有著普遍深入的影響。故事給人培養一種信念，那就是：「精誠所至，金石爲開。」你只要決心去做，堅定不移而有恆心的去做，天下幾乎沒有甚麼不能完成的事情，即使是遷移一座巨大的高山。

從事任何行業事業，以及讀書求學，想要出類拔萃追求卓越，必須專心一志，既有耐心又有恆心。甚麼叫做專心一志？「泰山在前而不見，疾雷破柱而不驚。」就是專心一志，就是眞正的投入。甚麼叫做有恆心？就是大計既定，勇往直前，絕不三心二意，更不會半途而廢。

戶樞不蠹，因爲它天天在轉動；流水不腐，因爲它時刻在奔流。所以荀子勸學篇說：「騏驥一躍，不能十步；駑馬十駕，功在不舍。」就算天賦不是很高，只要有耐心有恆心，一樣可以出人頭地，勝過雖然聰明卻缺乏恆心的人。龜兔賽跑就是很有教育意義的一則寓言。

想把事做好，要把書唸好，必須一心無二用，持續不斷的努力以赴，絕不三心二意瞻前顧後。小時候跟著父親從事勞作，擔任他的助手，藉此機會敲敲釘釘。父親分配給我使用的一把鐵鎚經常生鏽，所以我總喜歡使用父親經常使用的那一把。父親就會說：

「用你那把小的。」

「可是它又生鏽了。」

「你要常用，常用它就不會生鏽。如果遊手好閒不常使用，就連腦袋也會生鏽。」

父親的教訓一語中的。不流通的水會腐敗，不打水的井會枯竭，不使用的工具乃至頭腦，都會生鏽。

詩人說：「長安在何處，只在馬蹄下。」天道酬勤，天道也酬恆。所以行者常至，爲者常成。古人說：行百里者半九十。能夠緊握手中有恆的鐵鎚，日以繼夜敲之擊之，做任何事情，成功都是探囊取物。

永恆的家園

地球是我們的家園，像地球
這般美麗的星球宇宙中只有
一個；如果大家不能善加愛
護，人類可能成爲無家可歸
的太空流浪漢。

在浩瀚無垠的宇宙太空之中，在大大小小不可計數的星球中，有充分的陽光、空氣和水，適宜生物繁衍生存居住的星球，到目前爲止所知者，也只有一個地球。地球不僅可以居住，有高山海洋，有陸地湖泊，有花草樹木，等等，多采多姿，十分美麗。

工業革命以後，工商業日益發達，人類所能擁有的生活資源也一天比一天更爲充裕。可惜在日益進步繁榮的過程中，越是豐富越是自私貪婪，既不知知足常樂，更不能自我節制。過度的開發和過度的浪費，互爲因果惡性循環，地球終於不願或不堪負荷，乃形成大自然的反撲，帶來許多前所未有的嚴重危機和自然災害。

李白說：「夫天地者，萬物之逆旅；光陰者，百代之過客。」誠然，不論貧富貴賤，每個人都只是這個地球上的一個過客，旅程最長不過百年。但是人類特有的歷史觀告訴我們，個人生命與歷史文化，每一個人都是承先啓後繼往開來的傳承者。過去有祖先，未來有子孫。地球是人類共有的家園，也是子子孫孫共有的資財。任何集體任何國家，乃至任何一代人，都沒有恣意揮霍任意破壞的權利。

令人痛心的是，揮霍浪費已經成爲一種風氣甚至一種惡習，至於對資源的過度開發，對環境生態的任意破壞，幾乎已經到達「竭澤而漁」的可怕程度。土壤、空氣和水的污染已經令人難以忍受，環境所帶給人類的痛苦指數也在不斷上升，後代子孫的處境實在令人擔憂。

要使地球永遠成爲我們美麗而又可愛的家園，保持山川、大地和海洋的清潔，保持自然生態系統的平衡完整，是絕對的必要。大家必須做的，就是尊敬自然愛護自然，不污染環境，不破壞生態。許多廢棄物可以分類回收，然後再製、重生，循環使用，讓人和自然和諧共處，以保持人與自然的共存共榮。

人類有利於自然，自然就有利於人類。

環境保護生態保育，是一個極爲重大的課題，卻必須每個人從小的地方做起。不奢侈浪費，不濫墾濫伐，不污染環境，不獵捕販賣宰殺稀有珍貴動物，不隨地吐痰亂丟垃圾。勤儉是美德，浪費是惡習。朱子治家格言說：「一飯一粥，當思來處不易；半絲半縷，恆念物力維艱。」

地球所能忍受的破壞與污染都有其極限，天然資源亦非取之不盡用之不竭。知所節制，愛護地球保育生態，就是惜福積德愛護我們自己，讓我們的子子孫孫永遠擁有一個美麗的可愛的家園。

學無止境的星空

雄雞想飛，只能越過籬笆站上樹梢。蒼鷹展翅，一飛沖天。人類沒有翅膀，知識卻能幫助我們任意翱翔，馳騁上下古今。

知識就是財富，就是力量，甚至就是從事生存競爭最有力量的武器。所以「貧者因書而富，富者因書而貴。」讀書，是知識的源泉。

在今天這個知識經濟的新時代，讀書不僅變化氣質，美化情操，因爲知識豐富可能改變一個人的命運。讀書太少，在生存發展的競賽過程中，必然處處屈居下風。書讀得多的人，觀察入微，判斷正確，反應敏捷，計謀劃策以智取勝，當然可以與人公平競爭而立於不敗之地。

少年時代，我們都曾仰望夏夜的星空，看星月交輝雲海蒼茫，面對那無垠的廣闊和無窮的浩渺，任誰都想飛越銀河遨遊星際。這樣的幻想當然難以實現，但是知識的世界就是一個浩瀚的星空。讀書，帶領我們進入這個世界，使我們的思想精神無限拓展，開闊視野恢宏胸襟。

「沒有經過一番風雨，怎能看到天邊的彩虹。」書讀得多了，因爲知識廣博經驗豐富，看任何事物都更深一層，做任何事情都高人一等，說話內容更加深刻得體，即使彈琴唱歌，也可以比別人表現得格外的優美動人，有著不同凡俗的風格和意境。

西諺說：「一間沒有書籍的屋子，正如沒有窗戶的房間。」肉體和靈魂都被封閉在一個有限的空間之中，成了甕中之鱉井底之蛙。黃山谷說，一個人久不讀書，自己照鏡子覺得面目可憎，與人交談也是語言無味。如果飽讀詩書好學深思，情境自然大不相同。

只讀教科書不算眞正讀書。讀書求知，首先必須會選書，選有益身心又能增進智能對工作有幫助的好書，以免浪費時間污染心智。其次當然就是會讀：有的書只要瀏覽，有的可以選讀，有的必須精讀。精讀就是慢嚼細嚥，深刻的充分理解，完全的充分吸收。

讀書的數量速度並不重要，重要的是書的品質和閱讀的功效。讀書爲了拓展知識的領域，增進知識的深度，進而建立人生的理想。學問學問，不恥下問才能學無止境。還要能疑，能疑才能有悟，才有收穫。

古人說：「萬般皆下品，惟有讀書高。」在一個講求自由平等的開放社會中，這樣的觀念已經不是普遍的價值。但是讀書可以充實學問，變化氣質，提高道德境界，擴大胸襟器度，也是永遠不可否定的眞理。

現代人太忙，大人忙於工作會議交際應酬，年輕人忙於歌舞郊遊電視電玩。無法避免的結果，讀書的時間就相對的被排擠掉了。不讀書或者少讀書，文化素質日漸降低，道德水平江河日下，乃必然之結果。

日行一善的天堂

天使不在天上，菩薩不在西方。給予人們信仰、希望和愛，就是天使。心懷慈悲普渡眾生，就是菩薩。他們都在人間。

不分種族沒有國界，只要具備宗教信仰或有相當的文明程度，人類就有天堂地獄的概念，希望自己將來能上天堂而不要墜入地獄。但是很少人眞正知道，天堂地獄到底在那裡？

其實，天堂地獄就在人間。它們不是特定的空間，它們是一種環境的狀況，也是一種心靈的特質。那裡潔淨光明，慈愛溫馨，那裡就是天堂。反之，骯髒、紛亂、黑暗、醜陋，充滿邪惡、鬥爭和暴力，即使華廈林立，實質那裡就是悲慘的地獄。

天堂裡住的當然都是天使，極樂淨土住的當然都是菩薩。我們在教堂裡見過天使，也在寺廟裡見過菩薩，其實那些只是偶像。能給人帶來信、望、愛，就是人間天使。心懷慈悲行善救苦，就是現世菩薩。如果心懷惡念蓄意害人，使人造成恐怖傷害，就是魔鬼。天堂在那裡？天堂就在每個人的心中，每個人的一言一行之中。

化大錢行大善，未必人人都有這個條件。但是居心仁厚，善意待人，就不是甚麼難事。平常待人接物，盡量存好心、說好話、行好事，實在輕而易舉。自己沒有行善布施的充分資源，有時建議、勸導、幫助有能力的親朋好友多做善事，讓他由好人變成善人，又使受惠者得益，這樣的行爲就是功德無量的善行義舉。

古人說：「勢可爲惡而不爲，即是善。力可行善而不行，即是惡。」行善，既造福他人也提升自己。作惡，既傷害別人也污損自己。常行小善可以積成大善；累犯小惡終將積成大惡。如何去惡向善，古人給我們留下很好的教訓：「勿以善小而不爲；勿以惡小而爲之。」

小孩子看電影，總喜歡問大人：誰是好人？誰是壞人？可見是非善惡之心與生俱來。所謂好人壞人，完全繫於行爲時的一念之間，與他的生長環境和相貌職業並無關聯。存心作惡就會成爲壞人，一心向善就會成爲好人。天堂地獄相去不遠，彼此之間只有一步之差。

童子軍爲培養青少年具備智仁勇三達德，要求「日行一善」。善行不拘大小，最好天天要做，以鞏固心中的愛心善念，並把服務助人養成習慣自然。幫助老人上公車，攙扶盲人過馬路，都是舉手之勞。能隨時隨地幫助需要幫助的人，就是天使，就是菩薩。

上天堂難如登天，也可能易如反掌。孔子說：「吾欲仁，斯仁至矣。」天堂地獄存乎一心，兩者之間只是一步之差。存心仁善，目光慈祥溫馨，面容親切和藹，雙手會送出及時的慈善友愛。這時，你就活在日行一善的天堂之中。

純眞高貴的鑽石

鑽石是世界上最堅固耐久、美麗華貴的東西。但就人文價值而言，人類最高貴最值得重視的東西，乃是一顆純眞的心靈。

沒有人不喜歡鑽石，因爲它是世界上最堅硬、美麗、璀璨而又華貴的東西。可是不管它有多麼珍奇華麗，畢竟只是身外之物。就個人而言，不怕遺失不怕竊盜，終其一生，比鑽石更恒久更高貴的，乃是源自人類內心的純潔和眞誠。

純眞就是老實，古諺說：「打不破老實人。」詭詐奸滑，投機取巧，或可獲利於一時得勢於一地，但一旦被人揭穿識破，必將遭到大眾的唾棄甚至鳴鼓而攻。美國林肯總統主張做人要誠實，他說過一句名言：「你可以欺騙多數人於一時，你也可能欺騙少數人於永久，但你絕對不能欺騙所有的人於永久。」

做人要絕對誠實並不容易，完全可以做到的人恐怕也不多。有人權宜方便，有人偶爾例外，古人也說：「大德不踰閑，小節出入可也。」偷竊說謊都不誠實，若以動機與結果作判斷標準，善惡對錯就結論難下。而動機的善與正，比結果的好與壞更加重要。

所言與事實不符甚至相反，就是說謊。母親給孩子喂藥，哄騙孩子說是不苦，孩子張開嘴巴，乘機把湯匙倒進口裡，事實是苦的。但是沒有人會說母親虛僞狡詐，也沒有孩子會因此而記恨母親。她的動機是善，結果藥到病除。不告而取是謂竊，偷竊當然是不誠實不道德的行爲，但是情報員爲保衛國家安全竊取敵人的情報，不但不是人格的污點，其忠貞、機智與勇敢，更值得嘉獎褒揚。

人生多無可奈何之事，天下有萬不得已之情。情境所迫，形勢所需，或因人情壓力，偶爾權宜方便，總是難免。但基本上，做人必須有格調，行事必須有原則，是不可動搖的基本理念。孟子認爲爲人必須：「富貴不能淫，貧賤不能移，威武不能屈。」才是眞正的大丈夫。

爲了做一個既能有爲有守，又能肆應無礙的大丈夫，因此有人發明了一種「外圓內方」的處世哲學。外表上可以隨機應變圓融無礙；骨子裡卻是堅持大是大非，有稜有角絕不讓步。既不盛氣凌人，又不輕易妥協，而且保持了士君子的赤子之心與高風亮節。

人生必須有所嚮往追求，也就是生命要有理想，奮鬥要有目標。因此必須有所堅持，有所取捨。堅持的是人生的理想，和人之所以爲人的道德理念；取捨的是眞假、善惡、美醜。

善是好的，但僞善比惡更惡。美是好的，假美就一文不值。唯有純眞才是最高的價値，也是最高的善和美。一顆純眞的心靈，絕對勝過一顆鑽石，更加高貴也更加永恆。

神采飛揚的遊戲

工作時努力工作，遊戲時盡情遊戲，這就是人生快樂之道。正當的娛樂，使人心曠神怡神采飛揚，進而擁有飛揚的人生。

人生是莊嚴的眞實，生活是嚴肅的現實，我們都必須認眞面對，所以不可以遊戲人生。但是人生不能沒有遊戲，否則，生命就太僵化太枯燥，刻板而又單調無味。人生沒有樂趣，就失去樂觀奮鬥的動力。

遊戲、玩耍、休閒，乃至遊山玩水，可以調整情緒放鬆身心，解放心理的緊張，消除精神的壓力，做起事來神清氣爽，效率更好，品質更佳。無論學習或是工作，都可以舉重若輕，快快樂樂遊刃有餘。

作家冰心女士曾說：「淘氣的男孩好，淘氣的女孩巧。」淘氣的孩子愛玩是事實，淘氣的孩子比較活潑、開朗、聰明、勇敢也是事實。其實愛玩不是甚麼壞事，它是人生一個必須經歷的成長過程，也是所有健康幼小動物（Kid）的天性，包括小羊、小狗、小貓，當然也包括小孩。

玩耍不僅是成長的過程，也是學習的過程。最重要的，小孩子不喜歡教訓，但是他們喜歡遊戲。貝登堡將軍創始的童子軍教育，就是寓教育於遊戲，他把完整的人格教育包裹在「動靜錯綜，花樣繁多」生動而有趣的遊戲之中。他更直截了當的說了一句名言：「Boy scouting is a game.」童子警探是一種遊戲，但是它的教育價值，遠遠超過一般課程。

童子軍教育以野外露營，技能訓練競賽，集會唱歌跳舞，爲主要活動方式，嘻嘻哈哈輕鬆愉快，對於喜愛活動的青少年無疑具有高度的吸引力。但在遊戲進行的過程中，對規則的說明簡單、扼要、明確，執行裁判更是鐵面無私，要求絕對的公正公平。

或問，既然只是遊戲又何必那麼認眞？設計者用心深刻，見識也高人一等。他讓孩子們體驗到：遊戲尚且必須嚴格遵守規則，平常做人做事當然不能投機取巧。正因爲如此，童子軍才能以小隊制度，榮譽制度和徽章制度，以遊戲的方式推行健全的人格教育。

聰明的家長，應該鼓勵子弟適度的休閒娛樂，聰明的孩子也要適度的從事既有趣味又有教育意義的遊樂活動，活動時更要表裡如一，嚴格遵守遊戲的規則，以養成光明磊落的做人態度。

只讀書不會玩，是書獃子。只貪玩不讀書，只好放牛。能動能靜，既會讀書又會玩，身心才能平衡發展，人格才能健全成長，成爲聰明、開朗、活潑而又嚴守道德行爲規範的優秀青年。

人有生存發展的權利，也有追求幸福的權利。學習知識技能，以求生存發展。懂得享受休閒遊樂，工作會更輕鬆，生活會更幸福，人生也會更加天馬行空神采飛揚。

意氣風發的挑戰

生命的意義不僅在生存延續，還要力爭上游不斷向上提升。文化的意義不僅在傳承繼續，更要能夠充實擴展，發揚光大。

一位記者訪問西北邊區一位牧羊少年：

「你爲甚麼放羊？」「存錢。」「存錢幹嗎？」「蓋房子。」「蓋房子幹嗎？」「討個媳婦。」「討媳婦幹嗎？」「生個娃娃。」「生個娃娃幹嗎？」

他的回答是：「放羊。」

看過這則訪問報導的人，褒貶不一。主張循規蹈矩的人認爲沒有甚麼不好，如果大家都能這麼安分守己，天下太平，人間也就成爲大同世界。持不同意見者認爲，生命的意義不僅在於保存、延續，還要青出於藍光大生命，所以天下父母莫不望子成龍望女成鳳。

人畢竟不是貓熊猿猴，不能在一個固定的生活圈子裡代代相傳。人類文明所以不斷發展，文化所以不斷提升，歷史所以不斷向前進步，就因爲人類有突破環境侷限的能力，有超越障礙克服困難的意志，有解決問題的毅力和智慧。順理成章，人乃成爲地球的主宰。

由於時代的進步，生產方式的改革帶動社會結構的改變，人際關係更加複雜，工作的壓力也更大，儘管物質條件更好生活享受更多。但是更多的人抱怨做人太難、太累、太苦。有人牢騷滿腹，有人惴惴不安，有人悲觀消沈。美好的生命竟然成爲一杯苦酒。

其實，艱難鍛鍊意志，勞累磨鍊力量，而苦酒也可以提鍊成爲佳釀。生命最大的意義和樂趣，就在不斷的超越自己，使今天勝過明天，未來又勝過現在。在這中間，人類增加了知識，累積了經驗，培養了毅力，不斷接受外來的挑戰。因此，人的精神超越肉體，成爲頂天立地的巨人。

人生之路總有坎坷，工作總有問題，生活總有困難，即使貴爲帝王將相亦所難免。解決問題的科學方法可以參考，程序是：Look; Think; Guess; Try。意思就是：看一看，想一想，猜一猜，試一試；也就是：觀察，思考，假設，實驗求證。經過這些步驟，任何疑難都能獲得一個結果。即使不幸失敗，這一次的失敗也爲下一次的努力奠定了成功的基礎。

愚公移山是一個家喻戶曉的寓言故事，這個故事給予我們最重要的啓示，就是人不應該對環境屈服，不應該向命運低頭。孟子曰：「故天將降大任於斯人也，必先苦其心志，勞其筋骨，餓其體膚，空乏其身，行拂亂其所爲，所以動心忍性，增益其所不能。」意思是說，艱難困苦可以鍛鍊體能心志，爲成功創造充分的條件。

人活著，不能只是穿衣吃飯；還要創造生命的價值和尊嚴。不對外來的挑戰屈服是堅毅剛強，勇於挑戰是睿智勇敢；生命因而日新又新，成爲一潭活水，一條滔滔奔騰的江河，意氣風發，既有深度，也有波濤。

適可而止的甜點

古人說：知止不殆；知恥不辱；知足常樂。知道如何適可而止，不但可以常足常樂，還可以避免不必要的失敗和恥辱。

不論中餐西餐，吃完了豐盛的菜餚以後，都有一兩道水果甜點，一方面調劑營養，以求中和均衡，一方面告訴賓客筵席已近尾聲。現在我爲讀者獻上一道甜點：「知止有定，知足常樂。」

科技進步日新月異，知識資訊不斷爆發，一切求效率，求速度，數量要多，品質要精，變化之快之大，令人應接不暇。人類享受了前所未有的新奇、快感和滿足，也承受了前所未有的忙碌、緊張和壓力。正如淮南子所說：「塞翁失馬，焉知非福。」反之，「塞翁得馬，焉知非禍。」

從科學及經濟的層面看問題，和從人文哲學的層面看問題，結論可能大相逕庭。多數現代人都知道奮發圖強勇猛精進，但是能夠適可而止的人就不太多。不能適可而止，勇敢可以轉爲粗暴，精進可以變成抓狂。愛心用得不當，也有可能助紂爲虐。適可而止，既是藝術，也是哲學。

在今天這個進步變化大潮排山倒海而來的時代裡，無論學習、工作或是經營事業，想要置身於競爭的行列之外，工作要好，待遇要多，但是不要緊張忙碌，不要壓力困擾，悠閒舒適自得其樂，實在是非分之想。現代青年，要勇於接受挑戰，別人能做的我也能做，甚至別人不能的我也能，才不至於沈溺在湧進的潮流底下，成爲被揚棄淘汰的砂礫。

但在競爭的跑道中或是前進向上的階梯上，千萬不能迷失方向，沒有一個既定的目標，一味的盲從奔竄，以致手段變成目的，彷彿脫韁野馬，失去自我駕馭的力量。

成功，基本上有三個條件：一是智能，二是機遇，三是勤奮。在追求成功的過程中，對環境和自我都要有正確的評估，既不能妄自尊大，也不可妄自菲薄。一切都要量力而爲，適可而止。

老子曾問：「名聲和身體，那個可貴？身體和財物，那個重要？」答案意在言中。所以他說：「知足不辱，知止不殆。」知道滿足和適可而止的人，就不會遭到羞辱和危險。知足不僅富有，知足而且常樂。

孔子說：「知止而後能定，定而後能安，安而後能慮，慮而後能得。」

一個人如果利慾熏心而又貪得無厭，思慮行爲都會惶恐無措，當然不可能會有重大的收穫和成就。能夠適可而止，前程反而無可限量。

能夠奮發圖強，又能適可而止，既可以保持自我的自主性，又可以維護自己的自尊心，這就是大丈夫的可進可退能屈能伸。我把適可而止這道甜點獻給讀者，同時給我自己，本書的寫作也就到此爲止。

致小讀者們

有陽光就能燦爛，有雨露就能滋潤；自己有力量，就能成長茁壯。雛雞成熟自己啄開蛋殼；海龜出殼自己奔向大海；小鳥凌空而起自己奮力展翅；草木萌芽出土，自己伸向長空。

人爲萬物之靈，只要善用自己的力量，當然可以健康的成長成熟，以理性辨別是非善惡，用智慧判斷眞假美醜，有勇氣接受挑戰，有能力抗拒脅迫與誘惑，掌握自己的命運，打造自己的人生。

親愛的小讀者們：

你們的親友，你們的老師，尤其是你們的父母，乃至筆者本人，莫不希望你們都能擁有光明平坦的前途和幸福美好的人生。父母望子成龍望女成鳳，老師期望學生青出於藍，莫不寄以無限的期望。在這樣的希望中，有祝福和期許，更有著人性的溫馨和深情的愛。

可是我們立足的地球是一個相對的世界，天氣有晴有雨，大地有山有水有高有低。一天有白晝黑夜，一年有春夏秋冬。季節有冷有暖，草木有榮有枯，人生的處境有順有逆，生命的際遇有喜有悲，正是大自然運行規律的一部分，我們必須泰然面對，欣然接受。

所謂人生，實際就是每個人一生必須走完的一條道路。出生是起點，死亡是終站。近百個春夏秋冬，只要能夠善用時間，又能當機立斷把握機會，人人可以大有作爲，憑藉自己不懈的努力，改變自己的命運。

人生有沒有意義，因人而異，一切全靠自己。

當然，在漫長的人生路上，不可能處處康莊大道，也不可能天天風和日麗，有的地方崎嶇不平，有的時候風雨交加，這是很自然的現象。能攀登不怕山高，會游泳不怕水深，有勇氣的人不怕困苦艱難。有沒有理想和信心，能不能堅忍不拔勇往直前，乃把人區分出上中下甚至更多的等級。每一個人的命運，都掌握在自己的手中。

人是天生的，但優秀的國民和傑出的人才不是。這些要靠學校教育、家庭教育和社會教育。良師、益友、偉大的母親，乃是人生寶貴的三大助力。更重要的卻是自我實現的自我教育。父母師長雖然滿懷期望，但是他們只能陪你一段，必須有始有終走完人生全程的，是你自己。

格言說：「We give advice, but we cannot conduct.」意思是我們只能提供有益忠言，但是無法給予卓越行爲。花要園丁修剪，樹要林工栽培，玉要良工雕琢；而一個傑出的人，一個勇敢的人，甚至只是一個健全而有用的人，唯有依靠自己夙夜匪懈力爭上游。奮鬥的甜美果實自己品嚐，懶惰的痛苦後果也由自己承當。

農夫種田，必須一把鋤頭。我們砍柴，必須一把斧頭。回家時如果門是鎖著的，你必須有一支鑰匙。黑夜裡行路，我們不能沒有一支火炬或是一盞燈籠，以便照亮你行進的路徑。如果路程漫長而且崎嶇難行，有一根手杖不時支撐著你疲乏的身體，當然更好。

我寫這一系列的短文，目的就是要送給你們一支智慧的鑰匙，一根信心的手杖，一把勤儉的鋤頭，還有其他一些不同的禮品。希望能在你們的人生旅途中，面對疑問時爲你解開難題，遭遇困苦時給你帶來力量，幫助你站穩腳步，繼續勇往直前。堅持原則做你自己，努力奮鬥，實現自己。最後把你的成就回饋社會，以增進廣大人群的安全和幸福。

這是我的心願，也是我對你們的祝福。

附錄

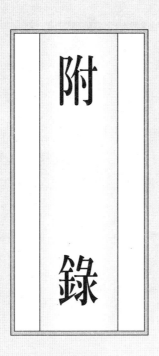

憶往集

微笑的力量

民國六十年十月，南部橫貫公路開工不久，東西兩端通車的公路不及全線三分之一，中間則全是崇山峻嶺一片叢莽。爲了勘察健行路線，我和幾位山友和山胞一起做古便道越嶺縱走。

翻山越嶺，山刀是不可缺少的裝備之一，既是開路劈柴的工具，必要時也是自衛防身的武器。在走進梅山村落之前，途中遇一女孩，一路跳跳蹦蹦迎面而來。但當彼此交會而過時，突然拘謹起來盡量靠邊，一副敬而遠之的模樣。毫無疑問，她對這些陌生的帶刀來客，顯然有著不勝畏懼的感覺。

我因爲走得比較慢，所以看得十分清楚。當走過前面的隊伍以後，她抬頭察看這最後的一名過客時，我們的目光有著短暫的交會。這時我立刻給她送上一個開朗而又充滿善意的微笑，她也報以有點羞澀卻很天眞無邪的微笑，腳步也漸漸回到路的中間來。我一直保持著我的笑容，她也羞赧地微笑著。擦身而過以後，我回頭看看她，她也回頭看看我，我們互相揮手告別，並且報以最後的相互一笑。

幾十年來，這一幕在我的腦海中始終栩栩如生。讓我堅定的相信，微笑是一種力量，它可以凸顯善意化解敵意、送出友好消除紛爭，使恐懼和誤解化爲烏有，使人間變得非常溫馨，更加可愛。

讓比爭更好

台灣光復不久，我在中部某個山鎮的一所中學任教，擔任訓導主任並兼任一班導師。全班四十五名學生，只有一名湖南籍的外來學生，以她那樣的年齡和當時的環境，感到孤單落寞是很自然的事情。

我不是學教育的，但我的人生經歷使我知道：對家境困苦的學生應該多給一點照顧，對處境欠佳的學生應該多給一點關懷，功課特別好和特別差的應該一視同仁，她們都是人家的孩子，也都是你的學生，應該同樣給予鞭策鼓勵。爲人師表，既不能有勢利眼，更不能存勢利心，老師對學生的愛，應該像春風化雨普及大地，不能附帶條件。

勞動服務，在當時是重要的課外活動，每天晨間要打掃環境，每週要到菜園除草澆水。但是這名學生最大的困擾，當她輪值打掃的時候，總是無法「搶」到掃把。她把這件事寫在週記裡，傾吐她內心的苦惱。我在週記裡批答：「試試用禮讓不用爭奪，看看結果如何？」

下一週的週記裡她寫道：「謝謝老師：我用禮讓，她們果然不再跟我爭奪了。」我又告訴她：「寬恕比報復更難，但比報復更好。」

後來，這名學生以優異成績考上台中師範學校。我深信，在她未來漫長的教育生涯中，一定會成爲一名稱職而又優秀的教育工作者，一名身體力行的中華文化傳承者。

與獵人對話

六十五年八月，帶著嘉南藥專的六位同學，組成一個師生登山隊，縱走光緒元年開闢，已有一百零一年歷史的八通關古道，中途兼登台灣三尖之一的達芬尖山。因爲胃部不適體力欠佳，加上天候惡劣，第一天從東埔走到觀高，徹底嘗到人仰馬翻的狼狽滋味。

晚上紮營，遇到一隊花蓮卓溪來的獵人，隊長剛從軍中退伍不久。山雨綿綿不斷，十分惱人。在營火邊，我們有一段對話。

「天氣實在太壞啦！」我說。

「忍耐。」他說。

「這一段路眞難走！」

「忍耐。」

「哎！兩條腿好痠！」

「忍耐。」

「明天恐怕走不動了！」

「只要忍耐一定可以。」

躺在雨中的帳篷裡，睡前，我一再細細反芻這一段對話。終於使我明白：山胞和我們一樣，也是血肉之軀。他們能夠背得更重走得更遠，因爲他們更能忍耐。他們的生活方式使他們相信：只要能夠忍耐，任何艱難困苦總有一個盡頭。

處世，忍耐是一種修養。做事，忍耐是一種智慧。生活，忍耐是一種力量。你能忍耐，你的力量就取之不盡用之不竭。

買個歡喜

買東西要求貨眞價實，有時甚至討價還價，以免上當吃虧，因爲商家並非個個都是童叟無欺眞不二價，這樣的行爲不僅情有可原，有時實在也有必要。不要讓你的權利睡著了，是最新流行的說法。

可是有的時候，在不同的時空環境和不尋常的對象進行交易，這樣的斤斤計較就完全沒有必要。適度的大大方方買個歡喜，所得到的快樂就不是多付出的那一點金錢所能相提並論了。

第一次接觸這種經驗，是民國七十七年春天，追隨星雲大師參加佛光山泰北弘法義診團，訪問羈留異邦將近四十年的游擊戰士。在美斯樂附近我們參觀一個少數民族群居的部落，我花了五元泰幣買了一座刻工不精但是拙樸可愛的佛像，大師買的一個卻化了十元。

「師父，你買貴了。」

「難得，買個歡喜。」

說著，他的臉上展現出歡喜的笑容，令人印象深刻。

多年以後，我從青康藏高原下來，歸程經過陝西，在從西安去機場途中，我請送我的朋友停車，想在路邊買幾個十分新鮮的蘋果。

「一斤多少錢？」朋友幫我問。

「二塊二毛。」擺攤的婦人說。

「甚麼？不是一塊八毛嗎？」

「好啦！」我說：「你給我選五個新鮮的。」

「今天早晨才摘下來的，都很新鮮。」婦人既高興又有一點不好意思的說，兩腴有點泛紅。

我和她在此不期而遇，一輩子大概只有這麼一次機會，總價四五塊錢人民幣，區區之數微不足道。分手時，那婦人的眼神和表情，複雜而又純樸的表現了她的高興和感謝，並且一再向我揮手。

偶爾這麼大方一下，表現一點人性的溫馨，買個歡喜，眞是天下難得的人生一大樂事。

後悔莫及

立足杏壇，如果身教言教並重，你幫助孩子們健康成長，也使自己不斷提升。管教學生，以身作則是最好的也是最有效的方法，任何合理要求，都能令出如山貫徹到底。絕不隨便拋棄垃圾，就是我在中學裡擔任導師時，要求學生不得丟棄片紙雜物所養成的良好習慣。

民國七十九年春天，爬完東嶽泰山之後，越過魯豫邊境，經鄭州而抵登封，攀登中嶽嵩山。同行有上海的朋友，當地的地陪，一個邯鄲來的山友，加上我一共四個人。

當我們爬完極爲陡峭的最後一段步道，來到太室主山與朝陽峰之間的鞍部休息時，我的相機膠卷用完了，換裝以後，我把紙盒和裝舊膠卷的塑膠盒準備一起放進口袋。

「你把紙盒也收起來幹嗎？」

「帶回去再丟掉。」

「這兒丟掉還不是一樣。」

「怕造成環境污染。」

「紙盒子，不會啦。」

說的也有一點道理，於是我右手一揚，紙盒子隨風飄下山坡。盒子尚未著地，我就感到非常後悔懊惱。這麼一個大好的機會，可以表現我的公德心和環保意識，並且大大影響身邊的幾個人，竟然意志不堅隨波逐流。時過境遷已經一二十年，回想起來依然十分後悔。

做人，應該當機立斷，有爲有守，擇善固執。猶豫不決意志不堅，做錯了事情再後悔，多半木已成舟，後悔已經莫及。

作者寫作年表

民國	西元	年歲	寫作紀事
四十年	1951	二十五歲	短篇小說「海葬」及「南奔」，分別於四月及十月，刊登於中央日報副刊。
四十一年	1952	二十六歲	中篇小說「平岩山之戀」，發表於遷台發行的「學生」雜誌。
四十二年	1953	二十七歲	中篇小說「悲劇的悲劇」發表於皇冠雜誌；「滬濱回憶」發表於重流雜誌。
四十四年	1955	二十九歲	第一本書「海葬集」於台中出版，收錄四五年來的中短篇小說創作十餘篇。
五十五年	1966	四十歲	青年勵志文集「新時代序曲」，於宜蘭由青年雜誌社出版。
六十年	1971	四十五歲	愛國長詩「多難興邦進行曲」，在台北由幼獅書店

			出版。並獲中山文藝基金會獎助。
六十一年	1972	四十六歲	登山手冊「高山之路」，在台北由幼獅書店出版。
七十四年	1985	五十九歲	散文集「以水爲鑑」，在高雄由佛光出版社出版。(已再版一次。)
七十五年	1986	六十歲	「以水爲鑑」，獲得財團法人高雄市文化基金會散文創作特別獎。
八十一年	1992	六十六歲	報導文學「佛蹤萬里紀遊」，評論集「回歸佛陀的時代」，在高雄由佛光出版社出版。
八十三年	1994	六十八歲	「以水爲鑑」略加精選，重新編排，在台北由幼獅書店出版。
八十七年	1998	七十二歲	登山哲理散文「以山爲師」，（中華十嶽草原高原之旅），在台北由幼獅書店出版。
八十九年	2000	七十四歲	哲理散文「駕駛與人生」，內容分駕駛篇與人生篇，在台北由文史哲出版社出版。

國家圖書館出版品預行編目資料

智慧的鑰匙 / 張培耕著.-- 初版. -- 臺北市
：文史哲, 民89
面 ； 公分. -- （青少年叢書）
ISBN 957-549-322-2（平裝）
1.修身
192.1 89013644

青少年叢書①

智慧的鑰匙

著 者：張培耕
出 版 者：文史哲出版社
登記證字號：行政院新聞局版臺業字五三三七號
發 行 人：彭正雄
發 行 所：文史哲出版社
臺北市羅斯福路一段七十二巷四號
郵政劃撥帳號：一六一八〇一七五
電話886-2-23511028・傳眞886-2-23965656
印製暨總經銷：日盛印製廠股份有限公司
台北市内湖路一段91巷23弄8號一樓
電話（02）27995667・傳眞（02）27996460

實價新臺幣一五〇元

中華民國八十九年八月初版

ISBN 957-549-322-2

筆記頁

筆記頁